AF228925

El lobo gigante

Julie Murray

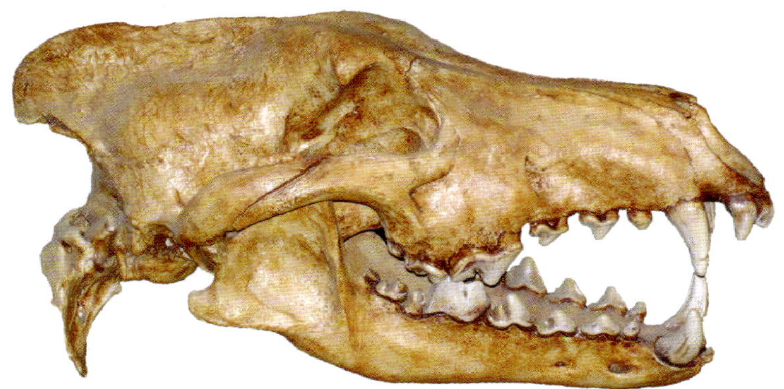

ANIMALES DE LA EDAD DE HIELO

Abdo Kids Jumbo es una subdivisión de Abdo Kids
abdobooks.com

abdobooks.com

Published by Abdo Kids, a division of ABDO, P.O. Box 398166, Minneapolis, Minnesota 55439.
Copyright © 2026 by Abdo Consulting Group, Inc. International copyrights reserved in all countries.
No part of this book may be reproduced in any form without written permission from the publisher.
Abdo Kids Jumbo™ is a trademark and logo of Abdo Kids.

Printed in China

102025

012026

Spanish Translator: Maria Puchol

Photo Credits: Getty Images, Look and Learn, Science Source, Shutterstock,
©James St. John p.1,17 / CC BY 2.0, ©Mariomassone & Momotarou2012 p.11/ CC BY-SA 3.0

Production Contributors: Teddy Borth, Jennie Forsberg, Grace Hansen
Design Contributors: Candice Keimig, Pakou Moua

Library of Congress Control Number: 2025942209
Publisher's Cataloging-in-Publication Data
Names: Murray, Julie, author.
Title: El lobo gigante/ by Julie Murray
Other title: Dire wolf. Spanish
Description: Minneapolis, Minnesota: Abdo Kids, 2026. | Series: Animales de la Edad de Hielo | Includes
    online resources and index.
Identifiers: ISBN 9798384908913 (lib.bdg.) | ISBN 9798384909491 (ebook)
Subjects: LCSH: Animals--Juvenile literature. | Extinct animals--Juvenile literature. | Ice Age--Juvenile
    literature. | Paleontology--Juvenile literature. | Zoology--Juvenile literature. | Spanish Language
    Materials--Juvenile literature.
Classification: DDC 569--dc23

Contenido

La Edad de Hielo

Una glaciación o edad de hielo es un periodo en el que la mayor parte de la Tierra está cubierta por capas de hielo. La última comenzó hace 100,000 años y duró hasta hace 12,000 años. Algunos animales **se extinguieron** durante esta época de la historia.

hielo
tierra
mamut
lanudo

El lobo gigante

El lobo gigante, también llamado lobo huargo, está emparentado con los lobos grises modernos. Apareció por primera vez aproximadamente hace 250,000 años. Vivió en Norteamérica, Sudamérica y Asia oriental.

Asia
Norteamérica
Sudamérica
N
W
E
S

Vivió en muchos hábitats
diferentes como praderas,
llanuras abiertas y **sabanas**.

El lobo gigante era más grande que los lobos grises modernos. Medía tres pies (0.91 m) de altura y seis pies (1.8 m) de largo. Podía pesar 150 libras (68 kg).

11

Su pelaje era marrón rojizo.

Tenía las patas cortas y el

cuerpo ancho. Tenía la cola

larga y tupida.

Caza y alimentación

Los lobos gigantes vivían, cazaban y viajaban en manadas. Una manada podía tener hasta 30 lobos.

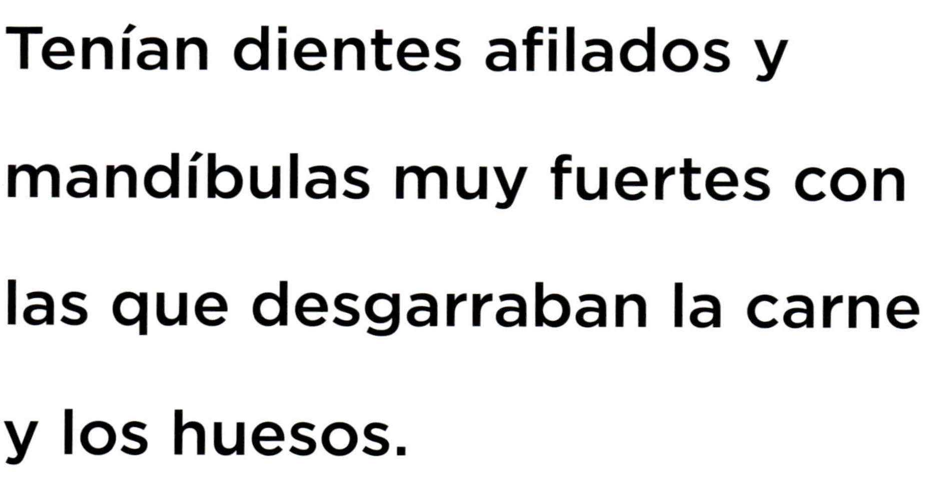

Tenían dientes afilados y mandíbulas muy fuertes con las que desgarraban la carne y los huesos.

Los lobos gigantes se alimentaban principalmente de carne de animales grandes como bisontes, caballos salvajes y mastodontes.

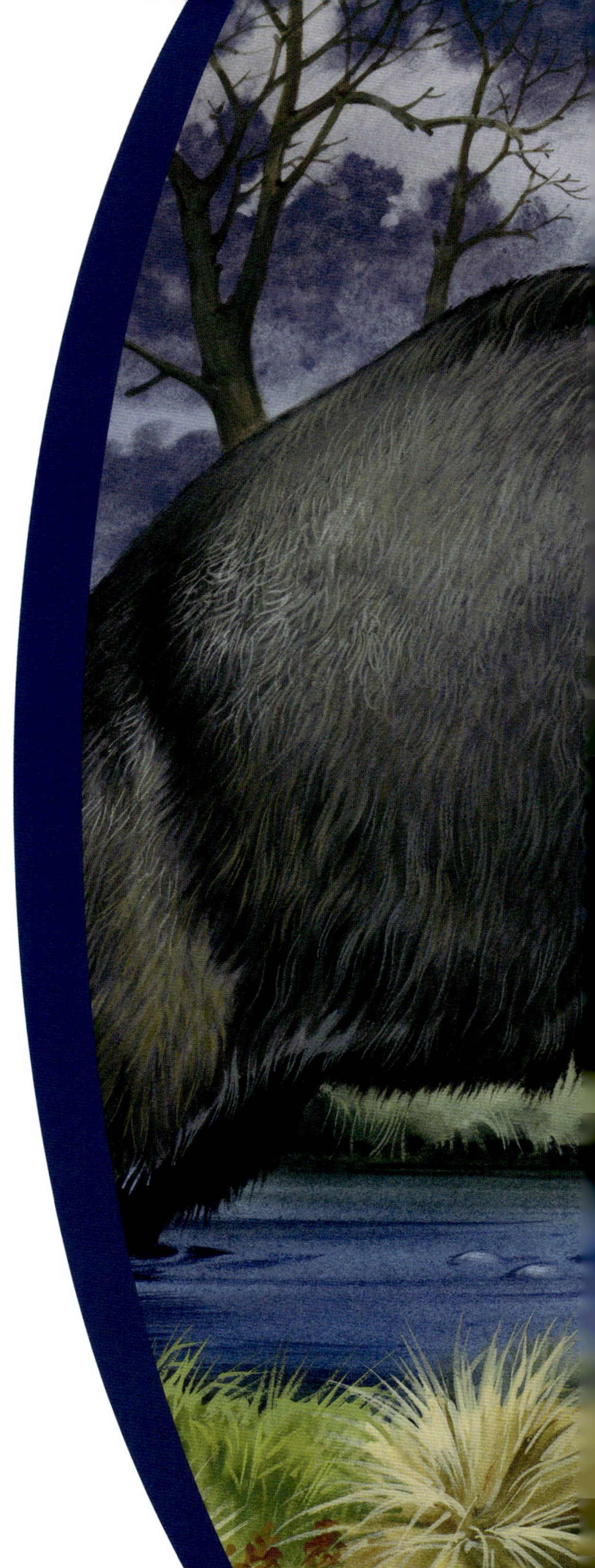

Extinción

El lobo gigante **se extinguió** hace aproximadamente 13,000 años. Sus **presas** disminuyeron considerablemente en esa época. Sin comida, el lobo no pudo sobrevivir.

Más datos

- Los primeros **fósiles** de lobo huargo se encontraron en 1854. Francis Lincke los descubrió cerca de Evansville, Indiana.

- Se han encontrado miles de fósiles de lobo gigante en La Brea Tar Pits en Los Ángeles, California. Un total de 400 cráneos están expuestos en el Museo Nacional de Historia de Los Ángeles.

- En inglés recibe el nombre de *dire wolf*, que significa terrible o espantoso. Hacía honor a su nombre, ya que era un **feroz** cazador con una mordedura que aplastaba huesos.

Glosario

extinción – que ya no existe.

feroz – salvaje y peligroso.

fósil – restos de un ser vivo de hace mucho tiempo, puede ser una huella o un esqueleto.

presa – animal que es cazado para ser comido por otro animal.

sabana – llanura cubierta de hierba, con pocos árboles dispersos. Las sabanas están en África y en regiones tropicales.

Índice

¡Visita nuestra página **abdokids.com** para tener acceso a juegos, manualidades, videos y mucho más!

Los recursos de internet están en inglés.